AF193201

Círculo Rojo
EDITORIAL

ESTO PUEDO DECIROS

DE LA POESÍA, DE LOS POETAS, DE MÍ

(Poemas)

ESTO PUEDO DECIROS

DE LA POESÍA, DE LOS POETAS, DE MÍ
(Poemas)

Antonio G. Ojeda

Círculo Rojo
EDITORIAL

Primera edición: mayo 2025

Depósito legal: AL 4678-2025

ISBN: 979-13-7008-894-1

Impresión y producción: Editorial Círculo Rojo

© Del texto: Antonio G. Ojeda
© Maquetación y diseño: Equipo de Editorial Círculo Rojo

Editorial Círculo Rojo

www.editorialcirculorojo.com

info@editorialcirculorojo.com

Impreso en España - Printed in Spain

Un poema puede ser
poema de un sólo verso.

Poesía,
alma escrita,
corazón hecho verso,
poeta hecho rima.

La poesía pudiera ser
una niña de trenzas negras,
niña que desanda los caminos de madreselvas
buscando los versos de los poetas
que escriben sobre los troncos
y duermen en las cunetas.
Pudiera ser la poesía una madre soltera
que recoge jazmines en primavera.
Pudiera ser la poesía una vieja
con los ojos enjaulados.
Pudiera ser un caballero sin cabellera.
Pudiera ser una niña con pecas
que anda buscando poetas.
Pudiera ser una flor sin belleza
o un muerto sin esquela
o un torero sin montera
o una guitarra sin cuerdas.
Pudiera ser una niña,
o una yegua sin espuela
o una caricia o un beso
o una mujer a secas.

Abismos blancos
se amontonan ante mí
como un bello resumen
de dolor y de belleza.
Son como pequeñas cárceles
intensamente blancas,
irrellenables
como cadenas de cuatro bandas.

Lanzarse a los abismos,
cortar el verso con la idea,
forjar el papel a golpe de palabra,
golpear la impotencia,
alzarse a la angustia
y vencer.
Vencer para decir algo.
Para comprender algo.
Para comunicar algo.

Manchar de azul o de sangre
las cárceles geométricas,
manchar de sangre o de negro
las cadenas,
manchar sin descanso los abismos
para crear algo nuevo,
para desgeometrizar lo geométrico.

Los abismos sin mancha
y la geometría
son la destrucción.

A distinguir me paro las voces de los ecos.
Antonio Machado

De los siniestros rincones de las ciudades,
por las luminosas avenidas,
por los grandes vertederos,
por los semáforos,
por las farolas,
me llega el eco, la voz
de Lorca.
Por la tierra y por la sangre
me vino Hernández,
Neruda, por el deseo y la carne.
Salinas, Machado, Juan Ramón,
por todas partes.
Por todas partes me llega el canto
de otros tantos que, con su canto,
al amor, a la vida
y a la muerte cantaron.

Y después de aquellos versos,
de todas aquellas voces,
mi voz me suena como delgado hilo,
como frágil guedeja,
como semilla sin vida...
Cada día cuesta más alzar
la palabra. Hoy, en este tiempo,
¿qué puedo yo deciros?
¿Cómo encontrar tu propia risa,
tu propio llanto?

¿Cómo encontrar tu propio eco
en este precipitado rumor constante
de ecos?
¿Dónde tu voz particular
en este concierto interior
de abrumadoras voces?
¿Dónde tu propio canto?

¡Cielos, qué pequeño!
Qué delicado y qué bello,
casi diría que palpitan
llenos de vida sus versos.
Despacio, despacito,
voy mirándolo con ternura,
su blancura sonrosada,
sus delgadas venas oscuras.
Hojeando lo miro,
cien y una vez lo miro y así,
cien y una vez
vuelvo a repetirme:
¡Cielos, qué pequeño!
Qué delicado y qué bello,
qué sonrosado, qué poderoso
este primer libro de versos.

Te sueño pequeño y ya nacido
antes de nacer,
apartando con tus manos,
dulces y minúsculas,
la maleza de la vida.
Te sueño despierto y dormido
antes de tú despertar,
antes de nacer tú a la vida
ya me echo yo
tus brazos al cuello.

Arbol caído,
sumergido en la muerte,
yerto en el polvo del camino,
ocres tardes
vieron pasar por tu lado,
agarradas de la mano,
la hermosura del héroe caído,
la vulgaridad de los hechos cotidianos.
Héroe.
Llamado al paraíso de los desconocidos
que pasaron.
Arbol caído.
Hermano.
De ti ha de brotar la fuente
donde los poetas nuevos bebamos
la savia de nuestras armas,
el verbo humano,
amargo.
Amargo árbol caído,
lejano.

Mendigar.
Pedir y andar.
Andar. Andar sin descanso.
Pedir un trozo de pan, una moneda,
tal vez flores.
Qué alegría, Pedro amigo,
renunciar a los pronombres.
Conjugar sin descanso.
Reposar.
Tal vez, morir.
Qué alegría, Pedro amigo,
vivir constantemente en el verbo.
Tal vez, llorar.

Cuanta más oscuridad y más silencio,
más preclaro mi juicio,
mi ansia de ser,
de llegar a comprender
la verdad.

A veces quiero dormir pero no puedo:
se me clavan dentro los versos,
se agolpan en mi cabeza
y me revuelven los sesos.
A veces quiero dormir. Pero no puedo:
se me cuelan dentro los versos,
me arañan el corazón
y me retuercen los huesos.
A veces quisiera dormir el sueño eterno.
Pero no puedo. Se me clavan los deseos.
A veces quiero dormir pero no puedo.

Tengo abiertas las heridas
desde hace siglos.
A veces, mengua mi dolor.
Pero estas heridas no cicatrizan.
Es interior el fuego que me consume.

Ay, triste del que un día en su esfinge interior
pone los ojos e interroga. Está perdido.
<u>Rubén Darío</u>

Desde el fondo del espejo
me miran mis ojos
llenos de dolor y tristeza.
Y no quiero gritar
porque tienen eco mis ojos.

Ciego de vacíos, de tempestades,
le pregunto a mis ojos
por qué mis ojos
no me devuelven mis ojos,
por qué van más allá
de mis ojos,
por qué me alaban,
por qué me insultan,
por qué me vigilan y analizan,
por qué me amenazan.
Siento que a veces el espejo
es más que un simple reflejo
de mí mismo,
que el espejo es más
que el mismo espejo.

Desde el fondo del espejo
me miran mis dudas,
mis incertidumbres,
me interrogan despiadadamente
sin darme paz ni sosiego,
sin darme sólo un reflejo.

Deseos siento a veces
de romper este espejo
y todos los espejos
que dicen más de lo que oyen,
que dan más de lo que toman,
que ven más de lo que se les muestra,
espejos que te compadecen,
espejos que te juzgan,
espejos que te hunden más
en ti mismo.

Romper el espejo...
No puedo romper el espejo.
Entonces yo sólo sería
un reflejo roto.

I

¿Qué haré de vuestra ausencia?
¿Qué haré de vuestro pelo?
De vuestros besos, ¿qué haré?

¿Qué haré de vuestras manos?
¿Qué haré de vuestros senos?
De vuestros ojos, ¿qué haré?

¿Qué haré de vuestras piernas?
¿Qué haré de vuestros pequeños pies?
De vuestro vientre, ¿qué haré?

De vuestra espalda, ancha meseta, ¿qué haré?
¿Qué haré de aquellos viejos momentos?
Con mis recuerdos, ¿qué haré?

II

Amontonados los tengo en mi cabeza,
ordenados y desordenados,
frescos y polvorientos,
amargos y dulces a un tiempo.

He de llenar con ellos
las grandes arcas de la abuela,
los cofres de los piratas,
las ánforas de plata.

Las llaves guardadas en mi pecho,
los recuerdos con el tiempo
han de convertirse en versos.

III

Sé que habré de esperar un tiempo
-infinito tal vez-,
sé que habré de olvidarlos un tiempo
-infinito quizás-,
pero al fin serán versos.

Y, entonces, serán vuestros.
Vuestros, amadas mías,
que todo me lo disteis.

De vosotras vinieron
y a vosotras
irán.

Yo,
que al alba soy
algo más,
al atardecer voy
y me confundo
y me diluyo entre todos
los seres de la ciudad,
al atardecer vengo y voy
y sólo soy un número más.

Yo,
que al alba soy
algo más,
al atardecer voy
y me pierdo
entre montones de basura,
de cerdos y borregos
que vamos y venimos
a producir y descansar,
seres sin ser ni esperanza.

Yo,
que al amanecer
vivo y vibro en mí,
al atardecer voy,
sucumbo
en esta loca carrera
hacia no sé dónde,
en la angustia cotidiana
de correr y no llegar,
de querer y no poder andar,
y tropezar,
sucumbo entre la gente
en esta indefinible sensación
de soledad.

I

Cada nuevo día descubro
sueños que soñar y no sueño
ojos que mirar y no miro
cuerpos que acariciar y no acaricio
palabras que escribir y no escribo
vidas que vivir y no vivo
muertes que morir y no muero
labios que besar y no beso
libros que leer y no leo
seres que amar y no amo
campos que sembrar y no siembro
moradas que habitar y no habito
lágrimas que llorar y no lloro
risas que reír y no río.

II

Y un amanecer cualquiera descubriré,
viviré, moriré, amaré,
besaré, sembraré, acariciaré,
reiré, lloraré, habitaré,
abrazaré, haré, leeré,
escribiré, miraré, soñaré.

Un día cualquiera
el sonido de un timbre roto
me anunciará que he de morir.
Entonces no habrá remedio:
habré muerto.

Dejé mi pueblo y la boca
me supo a cal. Pueblo blanco.
Miré atrás y me dolió la mirada.
Escozor en las lágrimas de sal.

Yo quisiera bailar
como bailan los gitanos.
Y quisiera cantar como canta
Juan Peña,
el ruiseñor lebrijano.

Yo,
quizás,
no sea nada.
Tengo -aunque vacías- las manos limpias,
el pasado, más que real, inventado,
el futuro, incierto. Mi tiempo,
en suma, casi todo es soñado.
Los senderos por los que hasta aquí llegué,
abruptos, escarpados.

Pero aprendí que, en las películas,
el indio -aunque muera- no es el malo,
que el negro se escapa porque es esclavo,
que el enano -aunque pequeño- es honrado,
que no es el pájaro más bello
el que mejor canta,
que los gritos no logran, por desmesurados,
acallar los silencios,
que la violencia de las aguas
consigue apagar las llamas
pero no la última brasa.

Yo,
quizás,
no sea nada.
Tal vez
-en un atisbo de esperanza-,
esa aguja en el pajar,
ese grano de arena,
esa esquirla de cristal,
esa última brasa,
ese pistilo olvidado.

Para mi despertar reclamo
el prosaico canto del gorrión.
Para mi sueño,
luz de luna sobre el espejo,
el canto de la nada,
el silencio.

Yo he visto por dentro arañadas
de los ataúdes las tapas,
la blanca seda desgarrada,
destrozadas las mortajas,
los cabellos arrancados
en las uñas de los dedos.

Yo he visto encerrada la vida,
encerrados los cuerpos en cajas
más pequeñas que los mismos cuerpos,
los miembros buscando doblados
un resquicio de luz,
una voz,
una salida desesperada.

Yo he visto la muerte,
el silencio eterno,
el gusano riendo acercarse,
yo he visto las mil tapias,
las cajas lacradas,
la pared hormigonada,
encadenada la verja,
el muro infranqueable,
la oscuridad milimetrada...

¡Que me quemen quiero
cuando diga la última palabra,
mi último suspiro,
la última amenaza;
que me quemen quiero
cuando cierre mis ojos
y ya no los abra!

¡No quiero volver después de irme,
no quiero amanecer sin sol una mañana
y ver lo que ya he visto,
sentir lo que han sentido;
no quiero amanecer
con todo pero sin nada,
con vida pero sin vida,
con alas pero sin alas!

¡Que me quemen quiero,
que el fuego me lleve,
que no sentiré las llamas!

Apártense de mí,
como pestes, epidemias y plagas,
Carlos, Felipes, Fernandos.

Apártense de mí
Palacios, Comandancias y Obispados.

Apártense de mí
las Invencibles Armadas,
los Cides Campeadores,
héroes, conquistadores y santos.

Puéblenme con su espíritu,
llégueme la benigna influencia
de Quijotes y Sanchos,
de Quevedos y Lázaros.

Me espanta la miseria.
Me espanta la pobreza.
La soledad me espanta
y la tristeza.

Me espanta. No quiero
ser poeta.

Oh, Carlos, compañero, maestro, amigo.
Oh, insigne Ramón del Valle,
oh, errante Max Estrella,
oh, Carlos amigo, universal asturiano,
hiperbólico asturiano sólo para amar,
compañero sólo hiperbólico para regalar
tus mejores néctares.
Oh, Carlos. Amigo.

Oh, noble Miguel Cervantes,
oh, generoso loco Alonso Quijano,
oh, Carlos, gigante, de una sola puñada,
desmesurado y real. Gigante
enjuto. Como el buen vino, recio.
Participador del genio y las esencias
de los más grandes.

Oh, César.
Oh, Segismundo.
Oh, en fin, Carlos amigo, que un día
preñaste de vida mi vida, mis sueños,
de azahares y delirios. Mi vida
y todas las vidas y sueños de aquéllos
que anduvieron contigo.

Recibe, al cabo, oh, compañero,
oh, maestro, oh, amigo, este verso,
diminuto y humilde pero apasionado.

Ha vuelto la lluvia. Siempre vuelve.
Desde este rincón la siento caer.
No me recuerda nada, ni siquiera mi niñez.
Pero me siento niño.
Ha vuelto y la siento caer, caer
desde el tejado y desde el cielo,
caer siempre componiendo,
tocándolo todo con sus infinitos dedos,
caer. La oigo y me siento niño aquí dentro,
niño y, a la vez, viejo indefenso,
porque nunca se le abren las ventanas
a la lluvia.

No hay más canto en la noche,
no hay más poesía que su propia música
que va llamando a las ventanas
diciendo:
lluvia, lluvia, lluvia.
No hay más, sólo eso,
sólo ella y, de vez en cuando,
muy quedo,
un soplo de viento.

A Federico García Lorca,
que sobrevivió a la distancia.

I

Muchos quisieron saber
la distancia que mediaba
entre la vida y la muerte.

Entre la vida y la muerte
sólo media una palabra,
el filo de la mañana,
la longitud de una bala,
una descuidada firma,
el precio de una navaja,
una huidiza mirada,
el canto desafiante
de una guitarra,
el asta,
la mortaja.

Entre la vida y la muerte
-ya Federico lo sabe,
ya lo sabe media España-
media apenas la distancia.

II

Muchos quisieron saber
la distancia que mediaba
entre la muerte y la vida,
entre la vida y la nada.

Yo no tuve más amores
que la escarcha entre los dedos,
que la hierba entre las uñas,
que la helada sobre el pelo.

Yo no tuve más amante:
sólo el barro en los zapatos,
sólo la lluvia en la espalda,
sólo el calor del estiércol.

No más contemplaciones tuve
que la mañana en la sierra,
el verde de los olivos,
el color de las tierras yermas.

No más olores
que el de la tierra mojada,
la existencia derramada,
el del parir de las yeguas,
más luz
que el brillo de la luciérnaga,
más sonido
que el del viento y la soleta.

No tuve, como placenta,
más que el vientre de la tierra.

Yo, que pude haber sido,
permitime el lujo
de no ser nada.

Yo, que viví en un mundo de escaleras,
permitime el lujo
de contemplar las montañas
sentado sobre la acera.

Yo, que viví en un mundo
de oscuras realidades,
permitime el lujo
de rodearme de sueños.

Yo, que pude vivir muerto,
permitime el lujo
de elegir la vida.

Apenas mudé la barba
y, de arrastrar los versos
de aquí para allá,
me duele el alma.
De arrastrar los sueños
me duele el alma.

Apenas mudé la barba
y ya se me seca el alma
de leer versos a los pájaros,
a las ramas, al agua
del río que pasa
y a la almohada.

El agua, que río abajo llega,
corre y se marcha,
recoge mi voz
y la deja abandonada
allá donde nada existe,
donde nadie puede oírla,
en una tierra deshabitada.

El viento, que llega,
corre y se marcha, mi voz
arranca de entre las ramas
y la deja abandonada
allá donde nadie la oye,
donde no sirve de nada,
en una tierra deshabitada.

Los fantasmas de la noche,
los fantasmas de las mañanas
y el correr de las lágrimas
diluyen los versos de la almohada
y los arrastran con los sucios calcetines
y los zapatos viejos
allá donde nada existe,
al baúl de los papeles, que habita
desde hace tiempo
bajo la cama,
a una tierra deshabitada.

Invisibles,
silenciosas armas se acercan;
con la vida de los pájaros
acaban y se marchan
buscando nuevas riberas,
acaban y se marchan.

Siento.
Siento algo
aquí dentro.
Aquí. Dentro
del pecho.
Un corazón que no es mío,
un verso que se mueve,
un deseo, un vacío...
No sé qué es.
Pero es aquí,
dentro, dentro
del pecho.

Apenas mil versos,
apenas cien páginas,
apenas una veintena
de poemas. Apenas.

Sueños, desvelos,
tachaduras, enmiendas,
alumbramientos y entierros,
sinrazones, sentimientos,
búsquedas, reencuentros,
papeles...
    ...apenas.

Apenas un título
y un libro de poemas.

Yo voy.
En aquella dirección
yo voy andando.
El que me quiera,
que se sume a mi paso.

Y así voy,
con mi sino a cuestas
andando el camino:
desacompañado.

Entablado tengo un pleito
eterno conmigo mismo.
Y siempre vence el que acusa.
Y siempre acabo vencido.
Siempre culpable siendo
de algún delito.

La marea alta y la marea
baja
son mis grandes misterios,
la luna llena, el vértigo
que produce el beso.

El tacto del papel inmaculado,
los trigales,
la arena de la orilla de madrugada,
el silencio,
son mis grandes misterios.

Por lo demás, apenas
si me intereso.

Malditos seamos los poetas.
Malditos seamos mil veces
los poetas,
esta extraña manera de sentir la vida,
esta turbia manera en que la muerte
nos puebla,
esta constante inconstancia,
esta latente tormenta que dentro
del pecho nos bate,
nuestro extraño sentir,
esa forma extraña de vivir
la naturaleza,
esa forma extraña de concebir
el deseo, el amor, la belleza,
esa flor y ese pájaro que a flor
de piel llevamos, y esa bestia.

Maldita sea la palabra,
malditos los ojos y el corazón,
el sabor, los dedos, el oído,
el olfato, el color, el sonido,
maldita sea la razón.

Malditos seamos los poetas,
esta esclavitud de la palabra,
el yugo de los sentidos,
la cruel y callada dependencia
del dolor y la tristeza.

Malditos seamos, malditos
mil veces, los poetas.

Siento,
sobre los hombros,
un gran peso.
Un terrible peso.
Un peso de sangres resecas,
peso de vidas que no fueron,
de días grises y noches desinvividas,
de ilusiones amarillas,
un peso terrible que me empuja
hacia dentro.

Un peso que me achica y me avieja.
Un peso de palabras huecas,
de desencantos y desentendimientos,
de bocas frías y de viento,
de deseos insatisfechos,
de lunas y de soles,
de lluvias y de inviernos.

Un peso de ciudades superpobladas
y pueblos muertos,
de casas abandonadas,
un peso que me roba el sueño.
Un peso, a veces, difícilmente llevadero
que me empuja y me llama
hacia la tierra,
hacia mí mismo,
hacia dentro.

¿Por qué?
¿Por qué yo?
¿Por qué a mí?

Yo no elegí la poesía:
ella me eligió a mí.

Yo no elegí la tristeza,
la soledad, la melancolía,
el desengaño, la utopía,...

Yo no las elegí:
ellas habitaron en mí.

¿Por qué?
¿Por qué yo?
¿Por qué a mí?

El viento,
las mariposas,
las abejas,
portan la semilla
amarilla de las flores.

Ancestral rito,
inacabable ceremonia
de pistilos y flores
que son madres.

¡Quién pudiera como el viento
y esos seres diminutos,
llevar el polen de la verdad
a todas partes,
a todos los corazones,
a todos los páramos y rincones.

Como el viento.

Corazón, imperio de arena.
Resquebrajada sabana reseca.
Tenebroso mundo de sombras.
Profundas simas del mar.

Corazón, mi corazón,
imperio de la soledad.

¿Destino?
¿Vocación?
¿Qué es en mí
la soledad?
Esta soledad de hierro,
esta soledad desierto,
esta soledad de hielo.

¿Qué es?
¿Qué es en mí
la soledad?
¿Vocación?
¿Destino?

Esta sed,
esta sed mía,
esta sed que no se apaga
nunca,
esta sed que casi diría
que nació conmigo

esta sed de palabra,
esta sed de poesía,
esta sed de vida,
esta sed de realidad
y fantasía

esta sed de conocer
el latido y la razón
de los demás,
esta sed que abrasa
y me da vida
y me fatiga.

Mi corazón es como el mar.
Constantemente, viene y va.
Viene y va.
Sin cesar.
Viene y va.

Mi corazón viene y va.
Raramente alcanza
la paz.
Raramente alcanza
un poco de serenidad,
unos instantes de paz.

Mi corazón es claro
y oscuro. Y profundo
e insondable y simple
como el mar.

El día que yo muera,
entregad mi cuerpo a las llamas:
es espantosa la idea
de pudrirse bajo tierra.

El día que yo muera,
entregad mi cuerpo a las llamas
y mis cenizas al mar;
no es sino otra manera
de reunirse con la tierra.

El día que yo muera
-¡quién fuera de esos
que, aun muriendo,
no mueren jamás!-,
entregad mi cuerpo al fuego,
a la tierra y a la mar.

Yo he escogido la luz
de los caminos oscuros

escarabajo pelotero del mundo,
escarabajo pelotero de los demás
y de mí mismo

escarabajo pelotero de la verdad,
del miedo, de la razón
y del absurdo.

Cuando me invade la tristeza,
esta terrible tristeza,
con sus garras plenas de fuerza,
esta insobornable tristeza,
esta negra tristeza color violeta,
esta insoportable tristeza,
sin piedad, sin fronteras...

Cuando me asalta la tristeza
con sus poderosas fuerzas
invisibles,
la tristeza,
con sus envenenadas flechas...

Cuando la tristeza asalta
esta débil fortaleza...

Para morir he nacido.

No para el amor,
no para la alegría,
no para la felicidad,
no para la paz.

Para luchar con la tristeza,
para luchar con la soledad,
para luchar con la muerte,
para luchar conmigo mismo.

Para morir he nacido.

No para reír,
no para gozar,
no para amar.

Para llorar,
para morir he nacido.

El poeta afila su espada
-sencillo lápiz de madera,
su rotulador, bolígrafo, pluma,...-

El poeta prepara
-blanco papel-
su campo de batalla.

El poeta prepara su particular
guerra, su tarea, su lucha diaria
-consigo mismo, con el mundo,
con la palabra, con la nada-.

El poeta vela y batalla.
Constantemente, el poeta vela
sus armas; constantemente
batalla.

Ser poeta. Darse
a la lenta quimera
de los días.

Ser poeta. Darse
al lento silencio
de las noches.

Ser poeta. Darse
a la lenta soledad
de la vida.

Se van acumulando
las hojas amarillas
al pie del árbol.

Y ningún viento viene,
ninguna mano,
a repartirlas como aquel
pan cristiano.

Día tras día
en este largo Otoño,
las hojas amarillas
se van acumulando.

Y, sin embargo, ignoro
si este árbol que soy
es cada día más grande,
o más pequeño, o no varía
de tamaño.

Día a día,
noche a noche,
la palabra se va
acumulando.

Mi diccionario está
amarillento y manoseado.
Guarda entre sus vocablos
hojas resecas de limonero
y tiene pequeños dibujos
en negro.

Mi diccionario es viejo
y, aunque no he andado
todos sus pasos, siento
que se me ha quedado
pequeño y que él
está cansado.

Mi diccionario está
pidiendo a gritos
un hermano nuevo,
para dedicarse él,
con más paz y más
tiempo, a planchar
pétalos de rosa
y hojas de limonero.

El corazón no sufre.
El corazón no siente.
El corazón no ama.
El corazón es una víscera
ensangrentada,
una metáfora.
Pero el corazón no siente.
El corazón late,
el corazón infarta,
el corazón se para...
Pero no es el corazón
el que siente.
Pronto, el hombre podrá
vivir con un corazón de cerdo
o un corazón de fibra
o un corazón de plata.
Entonces, forzosamente,
habrá que abandonar las metáforas,
el corazón, forzosamente,
tendrá que dejar de ser
un ente poético.

Se va
acumulando
esta savia.
Se va
acumulando
esta sangre,
esta semilla.
Poco a poco,
como una mujer preñada,
va engordando esta carpeta
donde guarda los poemas
el poeta.
Esta carpeta cada vez
más vieja,
donde sólo pone
-con letras discretas,
ni muy grandes ni muy pequeñas-:
POESIA

Poco a poco.
Ya no hay prisa.
Ya pasó aquella ansiedad
primera.
Poco a poco.

Poco a poco se van
acumulando los poemas,
la sangre, la vida,...

Penumbra y silencio.
Tal vez esa sea
la combinación perfecta
para el poeta.

Penumbra y silencio.

¿Qué será?
Eso que llaman "poesía",
¿qué será?

¡Quién sabe!
Qui lo sa.
Qui peut le savoir?

Poemas.
Poemas de amor.
Poemas del hombre.
Poemas de vida.
Poemas de muerte.
Poemas del paso del tiempo.
Poemas.
Tal vez, cada poeta,
sólo tenga un único poema,
un poema entrecortado,
un único e inacabable poema.

El alba lo encontraba despierto.
Miguel Angel Asturias

Alguna vez
me sorprendió
el alba amando o,
lo que es lo mismo,
contemplando
el dulce sueño
de mi amada.

Y alguna vez
me sorprendió
el alba creando o,
lo que es lo mismo,
contemplando
el rostro
de la obra
recién terminada.

Hermosos amaneceres aquéllos
en los que yo desperté
a los pájaros y no
al revés.
Deseadas vigilias.
Dulces fatigas.

Hermosos amaneceres en los que el Sol
encontraba mis ojos despiertos
y yo veía, paso a paso,
nacer la luz.

Recuerdo
que, en cierta ocasión,
quise escribir
un poema
a mi habitación;
porque la sentía como mi rincón,
el rincón donde lee y escribe
y duerme y sueña el poeta.

Y recuerdo
que, una vez terminado y leído
el poema,
sentí que lo descrito no describía
el rincón de un poeta,
tan sólo
la habitación de un hombre,
un hombre que escribe poemas.

Me sonrío pensando
en esas películas en las que un médium
se pone en contacto con el más allá
y, entrando en trance, escribe
lo que le dictan los espíritus, los seres, los muertos
del más allá.
Así somos a veces -¿siempre?- los poetas.
Parecemos seres en trance:
garrapateamos convulsivamente sobre el papel
lo que alguien parece dictarnos;
garrapateamos y garrapateamos deprisa
para que no se escapen las ideas, las palabras, las
                                        (emociones,
para dejar grabado, atrapado, ese primer impulso,
esa primera fiebre.

Luego, salidos del trance,
con los pies y el alma y la razón sobre la tierra,
habrá tiempo de ordenar , de pulir,
de reescribir.

(Versión 1)

A veces, el primer verso, es el más difícil.

(Versión 2)

A veces, el primer verso
es el más difícil.

(Versión 3)

A veces,
el primer verso es
el más difícil.

Mira el poeta el papel inmaculado,
mira el pintor el lienzo blanco,
mira el músico el vacío pentagrama,
el escultor el bloque, la mole de mármol

Ahí están: sintiendo.
Ahí están: pensando.
Ahí están: sufriendo.
Ahí están: gozando.
Ahí están: muriendo.
Ahí están: viviendo.
Ahí están: luchando.
Ahí están: acariciando.
Ahí están: pariendo.
Ahí están: fecundando.
Ahí están: recogiendo.
Ahí están: sembrando.
Ahí están: trabajando.
Ahí están: creando.

Ahí están. Helos ahí.

*Este poema nació leyendo el libro
"Alba al acecho", de Clara Janés.*

¿Las níveas manos? ¿Qué es eso?*
¿Los fúlgidos nimbos? ¿Qué es eso?
¿Las ingrávidas...? ¿Qué es eso?
¿Las etéreas...? ¿Qué es eso?
¡Oh, poetas! ¿Qué es esto?
¿A qué leches estáis jugando?
¿Esto es poesía o qué carajo
es esto?

Sabed, poetas,
los que sois y los que queréis ser,
que, también en poesía, los besos son besos,
que, también en poesía, la pasión es pasión,
que, también en poesía, el dolor es dolor,
que, también en poesía, el llanto es llanto.
Sabed que, también en poesía, el cuerpo es cuerpo,
el sudor es sudor y la sangre es sangre
y el labio es labio y el amor es amor
y la risa es risa.

Sabed, poetas, poetisas y poetastros,
que la poesía se escribe con el corazón,
así como el barro y el pan se amasan
con las manos.

Sabed que la poesía no se amasa ni se escribe con el cerebro
y con lo que tiene dentro,
la poesía no es lo que sabemos,
no es lo que hemos estudiado,
no es lo que hemos aprendido,
sabed que la poesía es lo que queremos,
es lo que tememos, lo que sentimos,
lo que anhelamos, lo que perdemos,...
Sabed, hombres y mujeres que escribís,
que la poesía no es literatura,
que la poesía no es sociología, no es teología, no es psicología,
que la poesía no es filosofía, no es retórica, no es lingüística,...
sabed que la poesía es eso, sólo poesía,
un beso, un pellizco, un bocado, un abrazo,
una ilusión, un dolor, una muerte, un orgasmo,...
Sabed que la poesía no es lo que pasa por vuestras cabezas,
que la poesía es lo que pasa por vuestras manos,
lo que pasa por vuestros oídos,
lo que pasa por vuestros ojos, poros, gustos y olfatos,
lo que pasa en vuestras entrañas.

Sabed, hombres y mujeres que escribís,
que nadie es poeta,
que no somos poetas, ni escritores, ni artistas,
que somos instrumentos, simples intermediarios,
porque nosotros no la hemos elegido a ella para manifestarnos,
ella nos eligió a nosotros para manifestarse.

Dejaos de sudokus y onanismos mentales,
dejaos de adivinanzas y jeroglíficos,
crucigramas, sopas de letras y mesas de relojero,
dejaos de intentar andar vagando
por los espacios interestelares del arte
y los prados literarios del olimpo,

dejad de jugar a los simbolismos y a los surrealismos,
dejaos de verborrea,
dejad de amontonar palabras sin sentido,
dejaos de colocar las piezas fuera de su sitio,
dejaos de infinitivos y gerundios,
dejad de jugar al visto y no visto -¡mira qué listo!-
dejad de jugar al lo digo pero no lo digo
¡mira qué listo soy, mira qué poeta he salido!
y si queréis decir, algo,... decidlo,
¡decidlo, coño, decidlo!
decidlo como lo sentís, decidlo como lo habláis,
así, así de fácil, así de sencillo.

Tenéis que saber, hombres y mujeres que escribís,
sabed, aquellos que habéis sido elegidos,
que el lector comparte y quiere compartir con vosotros lo
               (vivido,
quiere participar del éxtasis, de la ceremonia,
de la catarsis y del rito,
sabed que el lector quiere enterarse de lo leído,
que no es crítico literario, que no es catedrático, que no es
               (adivino,
que no resuelve sopa de figuras ni jeroglíficos.

Tenéis que saber que el título del poema no es la solución
ni la explicación a la adivinanza ni al acertijo
y que, desgraciadamente, cuantos más estudios,
cuantos más artículos, cuantos más seminarios y libros
hagan falta para explicar vuestros versos, vuestra poesía,
aquello que habéis escrito,
más lejos estáis de ser entendidos,
más lejos de ser sentidos.

Poetas, hombres y mujeres que escribís,
sed claros, huid de las medias tintas, de los laberintos
y de los puntos suspensivos, de la grandilocuencia
y el oscurantismo,
sed claros, sed transparentes, no os importe que se os vean
las entrañas y el culo,
sabed que ser poeta no obliga a ser como la niebla y el humo,
sabed que ser poeta no obliga a escribir todos los días
y que todo lo que se escribe no es bueno,
no es fumable, no es digerible,
no sirve para ser publicado y leído.
Y escribid no para ser admirados,
no para los premios, no para los jueces, no para los críticos,
escribid para vosotros mismos,
escribid como el que habla,
escribid como el que llora,
escribid como el que canta,
escribid para que os entiendan,
para que los demás sientan, vibren,
escribid para ser vividos.

Publicado en el libro del II Encuentro Poético en Osuna.

ÍNDICE

FECHAS EN QUE SE ESCRIBIERON O SE TERMINARON DE ESCRIBIR ESTOS POEMAS*

*Todos los poemas sin fecha son anteriores al primer poema fechado.